AF249854

LYCÉE LOUIS-LE-GRAND

ALLOCUTION

PRONONCÉE A LA

DISTRIBUTION SOLENNELLE DES PRIX

Le 31 juillet 1891

PAR

M. MASPÉRO

MEMBRE DE L'INSTITUT
PROFESSEUR AU COLLÈGE DE FRANCE

PARIS

TYPOGRAPHIE GASTON NÉE

1, RUE CASSETTE, 1

—

1891

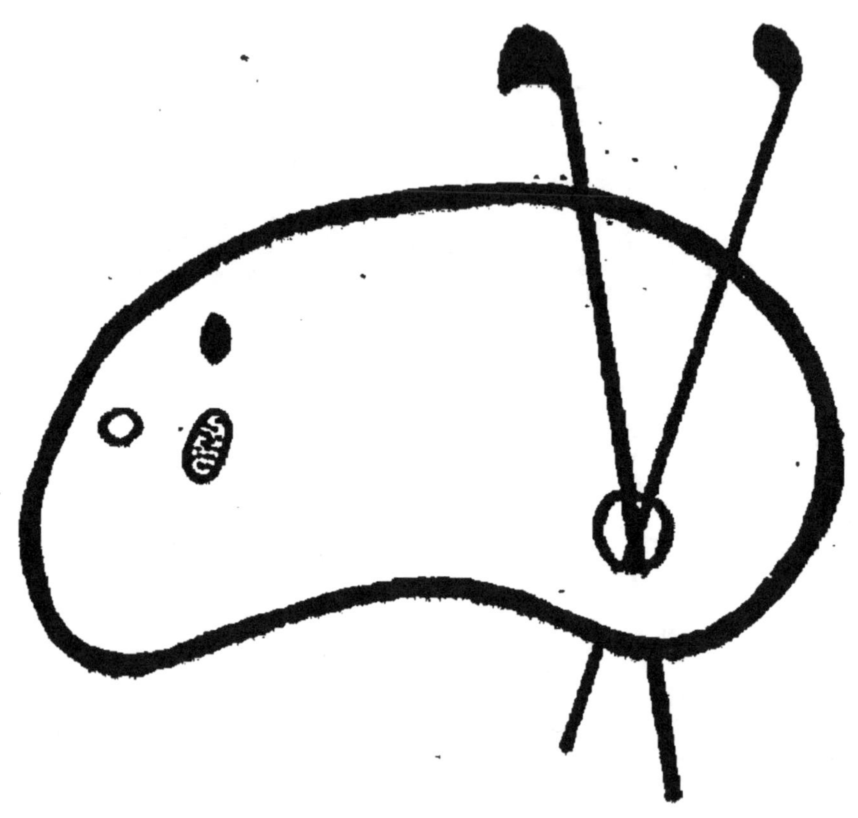

FIN D'UNE SERIE DE DOCUMENTS
EN COULEUR

LYCÉE LOUIS-LE-GRAND

ALLOCUTION

PRONONCÉE A LA

DISTRIBUTION SOLENNELLE DES PRIX

Le 31 juillet 1891

PAR

M. MASPÉRO

MEMBRE DE L'INSTITUT
PROFESSEUR AU COLLÈGE DE FRANCE

PARIS

TYPOGRAPHIE GASTON NÉE

1, RUE CASSETTE, 1

1891

ALLOCUTION

PRONONCÉE A LA,

DISTRIBUTION SOLENNELLE DES PRIX

Le 31 juillet 1891

Je crains bien, Messieurs, de ne pas être un inconnu pour vous et de vous rappeler plus d'un mauvais souvenir. N'ai-je pas été le premier, je crois, dans notre pays, à déchaîner sur vous, en sixième, le flot des peuples orientaux, et à vous accabler de leurs faits mémorables, si heureusement oubliés jusqu'alors? Mes contemporains et moi, on nous enseignait ingénument une histoire douce, inoffensive, suffisamment fabuleuse pour avoir l'allure antique et la couleur de l'Orient. On s'y débarrassait de Sémiramis en faisant d'elle une colombe, sur ses vieux jours. Rhampsinite y passait son règne à jouer au plus fin avec un voleur. Les passages de la Bible s'y mêlaient aux extraits des livres grecs, non sans disparate, et si quelques rois inquiétants par le nombre de leurs syllabes se rencontraient çà et là, on les reléguait dans les coins les moins fréquentés du cours, honteux et comme s'excusant de leur singularité. Vous, à présent, l'histoire véritable est là qui ne vous lâche plus, et toutes vos générations ont dû essuyer l'une après l'autre le choc inévitable des Égyptiens, des Assyriens ou des Hittites. Leurs rois fondent en masse sur vous, et la longueur de leurs titres n'est pas ce qu'il y a de moins redoutable en eux, ils se battent sur vos têtes, s'enlèvent des provinces et remportent des victoires qui seraient célèbres, si vous pouviez en prononcer le nom. On a beau vous en abréger la liste et ne vous en raconter que le nécessaire, il en reste toujours trop pour vos oreilles et pour la bouche de vos professeurs. C'est, du commencement à la fin de votre année, un cliquetis de lettres revêches et de sonorités heurtées, de Toukoultipalésharra contre Noîtrhotpou, de Qodshou contre Khaloulé, sans parler des Soutroulnakhounta et des Ishpouinis qui se jettent à la traverse. Il n'y avait en ce temps, si piètre souverain, ni peuple si petit qu'il ne se crût obligé de prendre à son compte huit ou dix syllabes dans les cordes les plus rauques de la voix humaine.

A vrai dire, la faute n'est pas tout entière de leur côté, et vous leur feriez tort d'imaginer qu'ils ont sonné toujours aussi rude qu'il vous paraît. Si les momies que nous conservons dans nos musées s'éveillaient par aventure et retrouvaient la parole, elles auraient beau jeu à vous montrer ce que ces noms, si discordants et si gauches au premier abord, pouvaient prendre de souplesse et d'harmonie dans une bouche habituée à les moduler. Ils n'étaient pas, d'ailleurs, forgés d'éléments assemblés au hasard : c'étaient

pour la plupart des mots ou des phrases exprimant
une qualité qu'on souhaitait avoir, une profession de
foi religieuse, une idée noble et de haute morale, une
image poétique. Par malheur, tout vous échappe en
eux. Le sens? La langue n'en dit plus rien à votre
esprit, et, quand on vous les traduirait, il faudrait
vous en traduire la traduction plusieurs fois pour vous
en expliquer les finesses. Le son? Vous ne soupçonnez
plus le ton dans lequel on les attaquait, la mesure sur
laquelle on les déclamait, la place qu'y occupaient les
accents, les rapports qui s'établissaient entre eux et le
reste du discours : ceux mêmes dont ce serait le
métier de s'entendre à ces choses-là ne réussissent pas
toujours à les transposer exactement de leur mélopée
native en celle de notre langage, et à nous donner l'im-
pression correcte de la façon dont on les énonçait. Ce
sont comme des instruments longtemps perdus, dont
personne ne connaît plus ni l'accord, ni le compas, ni
le doigté; ils ont renfermé jadis leur musique et sans
doute ils la renferment encore, mais nous ne savons
plus l'en faire sortir, et ils ne chantent plus ou chantent faux sous nos doigts. Peut-être pensez-vous que
j'insiste trop sur ce détail tout matériel. Mais c'est
qu'en vérité la répulsion que soulève cette bizarrerie
s'exerce et sur vous et sur bien d'autres qu'elle tient
obstinément écartés de nos études. Admettez pourtant
que vous preniez sur vous-mêmes et la surmontiez
enfin : la même étrangeté qui vous frappait dans les
noms, vous la rencontrez partout dans les choses et
la même difficulté de s'accoutumer à l'esprit des peuples très anciens que vous éprouviez pour vous appri-
voiser à leur langue. Les idées ne se touchaient pas

chez ces gens-là de la même manière que chez nous, leurs actions se déduisaient l'une de l'autre d'après des motifs qui échappent à nos habitudes de raisonnement et à nos règles de conduite : c'est à force de se mettre à leur place, à force de se plier à leurs modes de penser et d'agir, qu'on parvient à entrevoir la logique particulière qui régit leur vie et leur histoire. Où il faut tant d'industrie et de labeur pour lier connaissance, la sympathie et l'affection se manifestent rares et se développent lentement. Ces pauvres peuples auraient vécu dans *Jupiter* ou dans *Mars* qu'ils ne vous paraîtraient pas plus étrangers, ni à la plupart de nos contemporains. Quand on a parcouru leurs annales, on n'éprouve guère pour leurs révolutions, leurs victoires, leurs revers, leur activité militaire ou politique qu'un sentiment mêlé d'étonnement dédaigneux et de curiosité un peu lasse, le même peut-être que les races futures éprouveront pour ce que nous appelons les hauts faits de notre passé, quand autant de siècles se seront succédé sur nos tombeaux qu'il s'en est écoulé sur ceux de l'Égypte et de la Chaldée.

Et malgré tout, vous n'avez pas encore le droit de les ignorer. On vous allégera d'autant leurs chroniques, on en écourtera les dynasties, on fera tenir des siècles dans une page, dans un livre, on ne pourra se refuser de longtemps à vous tracer le tableau de leur civilisation.

Ils étaient morts : notre siècle les a ressuscités, au prix de quels sacrifices, ceux-là vous le diront qui vous exposeront l'histoire de nos découvertes. Les ombres qu'Ulysse évoquait au pays des Cimmériens, il leur fallait l'odeur et le goût du sang pour les arracher à la torpeur douloureuse où la mort les avait jetées : à me-

sure qu'elles buvaient, la conscience leur revenait, et
le souvenir des choses d'autrefois, et une chaleur de
sentiment, et une plénitude de pensée qui donnait
presque au héros l'illusion de la réalité. C'est souvent
au prix de leur vie que nos savants, de Champollion
jusqu'à Mariette, se sont enseignés à eux-mêmes et
nous ont enseigné l'art d'évoquer les fantômes des
peuples orientaux, mais ce n'est pas en vain qu'ils ont
succombé à la tâche. Aujourd'hui vingt races mortes
ont repris un corps et s'efforcent de renouer avec l'humanité nouvelle. Ce qu'elles racontent est encore incom-
plet et nous ne l'interprétons pas toujours bien; mais
nous en saisissons assez pour savoir ce que nous leur
devons. C'est en Orient que nos sciences sont nées, nos
métiers, nos arts, c'est d'Orient qu'ils nous sont arrivés
à travers la Grèce et l'Italie. Si nous ne descendons
point par le sang des hommes qui les inventèrent en
Égypte ou en Chaldée, nous sommes leurs héritiers di-
rects, et ce qui reste de leur patrimoine s'est fondu tout
entier dans le nôtre. Ce n'est pas toujours, il est vrai,
ce que nous possédons de plus fin et de plus précieux :
on y trouve parfois des vieilleries encombrantes dont
on se débarrasserait volontiers, ainsi que de ces meu-
bles hors d'usage et de mode qu'on relègue dans un
grenier. Il en est de l'humanité comme de ces familles
qui ne veulent plus se rappeler leurs origines et quelles
épreuves elles ont traversées, avant de se hausser à leur
condition présente. Le premier qu'on en connaît est
d'ordinaire un rustre ou un aventurier de petit état, qui
amassa quelque argent ou gagna quelque considération
par chance ou par travail opiniâtre. Le second fit valoir
heureusement le peu qu'il reçut et le transmit plus

grand à ses enfants; c'est aujourd'hui, après des générations, une fortune immense qui fructifie d'elle-même
et s'accroît par la force acquise, autant, sinon plus, que
par l'intelligence de ceux qui l'administrent. Les maîtres
ont peine à croire que le temps fut où elle n'existait
pas; c'est pour eux un sujet de surprise quand on
vient leur révéler ce qu'ils doivent à chacun des ancê-
tres qu'ils méconnaissent. Les peuples en plein épa-
nouissement de vie ont pour beaucoup de ceux qui les
ont précédés, et dont ils héritent, ces oublis et ces éton-
nements de parvenus. Ils n'ont de mémoire que pour
ceux dont la gloire acclamée partout flatte délicieuse-
ment leur vanité : les autres, il n'en est jamais question ou le plus rarement possible. Nous sommes fiers de
nous rattacher à Rome et à la Grèce, de rappeler, selon
les temps, que l'aigle des vieux régiments de France
fut d'abord l'aigle des légions, ou que notre République
est une république athénienne : n'est-ce pas un honneur pour nous que de rouler du sang latin dans nos
veines ou de reconnaître dans notre esprit la vivacité
de l'esprit grec? Nous attachons moins de prix à la
part de notre héritage qui nous vient des bords du
Nil et de l'Euphrate. Égyptiens ou Chaldéens, ils comp-
tent pourtant eux aussi parmi les fondateurs de notre
fortune ; ils ont peiné pendant des siècles à accumuler
le capital qui nous fait si riches, et nous compren-
drions moins bien ce que nous sommes si nous ne
savions plus ce qu'ils ont été.

Messieurs, vous n'êtes pas sans vous rappeler com-
ment ces deux célèbres avocats Petit-Jean et l'Intimé,
plaidant sur le fait d'un chapon devant Juge Dandin,
reportèrent les origines de la cause jusqu'avant la nais-

sance du monde et la création. C'est, je crois, ce qu'on appelle élever une question, et je n'y ai manqué pour ma part : il s'agissait de vous parler de vos succès et je vous ai sans retard emportés si haut, que j'ai presque oublié mon sujet. Pourtant la matière était belle à développer dans cette salle où tous les lauréats des lycées parisiens s'assemblaient hier pour entendre proclamer leurs noms. On nous accusait volontiers, — ceux qui n'étaient pas à Louis-le-Grand comme nous, — de manifester une ambition sans limites et d'accaparer les nominations à la douzaine, sans nous inquiéter de savoir s'il en restait assez pour les autres : c'était une habitude que nos professeurs nous avaient donnée, et que M. Jullien, notre proviseur, entretenait de son mieux. Vous avez remporté le prix d'honneur de rhétorique, dix-sept prix, trente accessits : c'est bien. On me dit que d'autres ont fait mieux : c'est fortune de guerre et l'année qui vient vous remettra à votre rang. Je n'en veux d'autres garants que votre proviseur, pour qui le succès de notre lycée est affaire de famille, et vos professeurs, parmi lesquels j'ai la joie de saluer, après un quart de siècle, tant de mes anciens maîtres et de mes vieux camarades.

Paris. — Typographie Gaston Née, rue Cassette, 1. — 1793.

www.ingramcontent.com/pod-product-compliance
Lightning Source LLC
LaVergne TN
LVHW050427060726
842526LV00007B/2466